Für Simone
2012

GEDICHTE & ZEICHNUNGEN
KAP WOLFF BERLIN 2012

2

die geschichten des herrn plunz 1
plunz und wie er ist

plunz
ist das ergebnis zweier flaschen wein
und einer lauen mondnacht
zumal auf einem dampfer geboren
hat er heut noch keinen festen boden
unter den zwei beinen

sagen die gemeinen
der plunz der säuft sich einen
und schreit dann in der nacht herum
was er im lauten bariton skandiert
nen andern burschen hätte ruiniert
nicht so plunz
er kann halt noch keine geschichten schreiben
so macht er halt welche

4

die geschichten des herrn plunz 2
plunz und die philosopie

als kind da wurde plunz gefragt
wer dreht das große weltenrad
wer schiebt die wolken her und hin
wer sorgt für unkraut und klimbim
wer schuf die schafe, hirten, weiber
wer baute die verschiednen leiber
wer läßt es oft im himmel krachen
wer macht den tag und schwärzt die nacht
da meinte plunz in eigner art
dem tölpel griff ich gern in´n bart

es zanken weib und manne nur
zum zwecke der versöhnung
und dunkelheit, verzeiht mein herr
verdeckt die tagesdröhnung
das große weltenrad hingegen
ist eine kugel...nachweißlich
was stellst du sone doofen fragen
was soll ich sagen,...ich wars nicht

die geschichten des herrn plunz 3
plunz und die idee der liebe

einst meint sich plunz er will wen lieben
mit puddingknie und schiefen blick
er malt sich aus bis in die schatten

wie wohl das weib beschaffen sei
das ihm, dem plunz zur lust genüge
und wie ers grübelt zählt er zwei

die eine, denkt er, ist für draußen
zum zeigen, prahlen, wichtig sein
die andre wird im hause schaffen

und hält das bett ihm warm und fein
da knallt es laut
ihm wächst ne beule

zu dumm wenn man im schlafe spricht
und das im zug nach osterhausen
wo neben ihm frau schwarzer sitzt

5

die geschichten des herrn plunz 4
plunzens begründung

sieht der plunz das abendrot
haut der seinen mißmut tot
denn der plunz sucht blasenschwer
dieses meschliche revier

also fängt er an zu fragen
und will noch das eine wissen
setzen sich denn echte Kerle
wirklich amtlich hin beim pissen

denn er weiß so auf die husche
keiner mag die eigendusche
also männer zwecks hygene
nutzt die höhe eurer beene

6

die geschichten des herrn plunz 5
plunz und gerechtigkeit

plunz hingegen war der meinung
beulen gebn sich keine eignung
haust du mir so hau ich dir

niemals zwischen dein getier
denn er spürt wie du den schmerz
machst du einen bösen scherz

die geschichten des herrn plunz 6
plunz findet plunz

plunz beschließt sich zu verreisen
in die weite welt hinaus
möchte die kultur begreifen
sich dazulern ginge auch

also nimmt er kenn-lern-stunden
bei befreundeten gemensch
fragt es aber
kaum zu glauben
bin ich in der fremde fremd

die geschichten des herrn plunz 7
plunz und lügen

menschen hört der plunz mit scham
lügen sich gar trostlos an
lügen um der ruhe willen
oder einen geist zu stillen
lügen selbst am polizisten
um der autofahrer listen
lügen sich gar an im bett
nee, das findet plunz nicht nett
lügen um ein herz zu heben
juut, das ging auch oft daneben
aber, sacht sich plunz geschickt
wer gut lügt lebt meisterlich

7

die geschichten des herrn plunz 8
plunz und der morgen

der morgen stand dem plunz ins haus
der sagte tach und staunte
wie kommt ein ganzer tag zu mir
was will der tag denn heut dafür

soll ich ihm meine stunden schenken
oder sonst wie nach ihm renken
am besten wärs ich mach ihn platt
und reiß ihn ab, samt kalenderblatt

die geschichten des herrn plunz 9
plunz und die kunst

plunz ergab sich einst den künsten
machte dies mit leib und wein
reimt er los so muss er schwitzen
nannte dies dann ... transpireim

hinzu kam, weil nicht geschützt
„die kleine reimmusik in moll"
sind auch farben bei versickert
nannt er es
„den reimer ohne overoll"

ja so gab sich plunz im dorfe
baskenmütze weißer schal
und als ob er kunst erfände
legt er sein Gesicht in qual

die geschichten des herrn plunz 10
plunz fragt betrunken

demokratie ?
volksherrschaft ?
volks – herr – schaft (stiel oder stil) ?
schafft – volk – herr ?
herr – volk – schafft ?
was bitte sehr ?
demokratie ?
hihi, hihi, hihi-

die geschichten des herrn plunz 11
plunz und die technik

technik anzuschauen ist schön
kann man viele teile sehen
doch sind diese in nem wagen
gibst bei pannen manche fragen

plunz hier selbstbewusst wie´ n gockel
kräht sich wichtig in die kabelei
sticht auch mal in einen reifen
doch dann ist der spaß vorbei

krachend, zischend ohne gnade
geht der wagen in die knie
neben ihm sitzt plunz im öle
das der mal fuhr das sieht man nie

plunz hingegen lacht fast irre
futsch in nun sein bestes stück
aber einen fachmann fragen
passt nicht in sein männerglück

die geschichten des herrn plunz 12
plunz und der suezid

plunz verschmitzt und ohne sorgen
wollt er sich beendigen
doch ihm fehlte eine lösung
wie kriegt mans am bestens hin

kauft er sich ein seil aus hanf
kratzt am hals ists uncharmant
oder gar sich zu erschießen
ruiniert die besten fliesen

gift und hochhaus sind passè
tut kurz vor dem ende weh
läßt man sich dann überrollen
bleibt der abdruck von den stollen

egal wie es plunz sich dreht
elegant ist dieses nicht
ists denn wirklich aus der mode
atmet plunz sich schlicht zu tode

die geschichten des herrn plunz 13
deutschland, deutschland

dein bewußtsein
such ich nun seit fuffzich jahr
ist es schinken der nicht rostet
oder blech aus stuttegard
oder weinstein aus dem zwirnlein
oder war es gar die deutsche mark

ist es witz, humor, verständnis
ist es unsre kochkunst pur
ist es marschrhythmus mal winkel
oder stets die politur

meint der plunz
was heißt bewußtsein
reicht denn nicht ein schuldgefühl
das wir wie ne fahne tragen
stolz erhoben als kalkül

die geschichten des herrn plunz 14
plunzens heilung

wie´s so ist an manchen tagen
klingelt meistens unverhofft
schlechte laune, mißvergnügen
rappelt wild an allen türen
das dem großen plunz wird schlecht

scheints er steckt im jammertale
seiner selbsterwählten quale
"bin ich denn das universum, plunz ich
oder kann ich nix"

schickt er retter rum zum rübschild
wie der ist, ein mann mit stil
trägt er doch die menschennase
rot gelebt mit viel gefühl
samt dem wissen ums kalkül

launen wag´n ihn nicht zu schütteln
auch sein tagwerk scheint recht schlicht
sorgen nimmt er den geplagten
wie viel geld und rübschild spricht

nach zwei stunden ist´s gerichtet
plunz, ist wieder gut im Saft
lädt er rübschild vom gehöfte
lebt jetzt mäßigung plus maß
und hat dabei riesenspass

11

die geschichten des herrn plunz 15
plunz und eine idee zur demokratie

wieder laufen sie vorüber tausend von der menge wohl
und verstopfen alle straßen jeder brüllt ihm was ins ohr
schön das die hier schreien dürfen
neudeutsch heißts wohl demonstriern
warum gibt es das in mitte
wo er will sein fahrzeug führn

geht das nicht an feiertagen wo der plunz nicht in der stadt
oder besser in karlshagen da gibt's einen großen platz
mit der technik heutzutage
schickt man´s live ins parlament
so tut man beamte schrecken
nicht wenn hier der asphalt brennt

nein, da macht man plunz nur sauer
und der holt die poliwehr
und die tun dann sehr entschlossen
straße frei für plunz´ verkehr

12

die geschichten des herrn plunz 16
plunz beschloß aufs land zu reisen

an den busen der natur
vögeln lauschen himmel starren
so als reinste form kultur
jetzt natürlich steht die frage
wie kommt plunz ins grüne grün
tut er's mit der mehdornmasse
wochenend und fahrplanglühn

oder stellt er sich ins auto
und dann auf die autobahn
garantiert vier stunden ruhe
in der hauptstauzeit geplant

nun da währ ja noch das fahrrad
zwar schon zwanzig jahre jung
schämt er sich und läßts im keller
damit rumfahrn ist zu dumm

ha, meint plunz, bin ich denn blöde
hab ich technik nicht bis punkt
hol ich mir doch heut ein filmchen
dolby surround natural sound

die geschichten des herrn plunz 17
deutschland, deutschland

dein bewußtsein
such ich nun seit fuffzich jahr
ist es schinken der nicht rostet
oder blech aus stuttegard
oder weinstein aus dem zwirnlein
oder war es gar die deutsche mark

ist es witz, humor, verständnis
ist es unsre kochkunst pur
ist es marschrhythmus mal winkel
oder stets die politur

meint der plunz
was heißt bewußtsein
reicht denn nicht ein schuldgefühl
das wir wie ne fahne tragen
stolz erhoben als kalkül

13

die geschichten des herrn plunz 18
üblich ists zum weihnachtsfeste

ein geäst aus grünem zeugs
wird gefunden, wird geschlagen
denn so ist es hier der brauch
töten tut man tausend tannen
kiefern, zedern, birnenbaum
jeder wie er's gerne möchte
passend dazu weihnachtstraum

was hingegen sagen viren
plötzlich ist die wohnung futsch
spürt ihr nicht ihr aufbegehren
frühlingskrankheit heißt ihr schutz
und so niesen du und dieser
ahnst nicht mal woher es schneit
ist die rache kleiner geister
denen ihr im wege seid

plunz meint hierzu derzeit gar nichts
plunz niest selbst wie´n gelbes pferd
ist sie also angekommen
vierens botschaft, gut erhört

14

die geschichten des herrn plunz 19

kriege sind ganz ohne quoten
kaum beachtet und exoten
geht es nur um politik
interessiert kein schwein der sieg

ob sich grüne, blaue schlagen
ist statistisch eher vakant
hat der plunz jedoch interessen
geht es richtig von der hand

lässt er dicke reden werfen
und auch bomben hinterher
jeder kann nen feind erfinden
darum mag er krieg so sehr

außerdem schaffts arbeitsplätze
denn man schießt ja leute tot
und die muß man denn ersetzen
krieg schafft also lohn und brot

die geschichten des herrn plunz 20

yp sylon das chromosome
das aus ihm ein männchen macht
ist am schwinden, ist am flüchten
so sagts heut die wissenschaft

plunz ein mann der neuen forschung
liest es mit bestürztem blick
das worauf er immer stolz war
geht seit neuestem zurück

faul auch viele männerspermien
mutterkuchen sind betrübt
sagt wo kann man sowas üben
machts doch sinn wenn nachwuchs glückt

übt mans heimlich vor dem spiegel
oder halt im frosterfach
sucht man sich geschickte leiber
oder hilft ein doctor nach

aber sagt sich plunz beim weine
mittlerweile warn es zehn
scheiß doch auf die spermienschlurfer
was geschehn soll wird geschehn

15

die geschichten des herrn plunz 21
die medizin

heutzutage schon fantastisch
was die medizin so kann
brauchst du nasen von nem meter
baut sie dir der doctor an

oder vielleicht krumme beine
weils wohl grad so mode ist
um auf schönen frauen zu reiten
kriegst du einen schenkelgriff

kinn zu rund und augenbrauen
kein problem das messer schafft
das es umgekehrt am platze
und den andern freude macht

nun sagt plunz was soll ich richten
bin doch götterboten gleich
ich will nichts von diesem doctor
außer ohren, bauch und schweif

die geschichten des herrn plunz 22

plunz entschließt sich mitzuhalten
neuer trend zum zweitbuch hin
also geht er hin zu freunden
und fragt forsch, was liest man denn
nun hört er die schlimmsten fragen
was, warum, wieso denn bloß
wählt ein dauerfilmangucker
plötzlich so ein hartes los

sind doch seiten eng beschrieben
blättern muß man ständig neu
selber vorstellen sich im kopfe
was so die geschichten wolln
plunz jedoch ein mann der taten
gibt ja so leicht nicht klein bei
und so kauft er sich auf raten
                    fluggs ein sparbuch, bilderfrei

16

die geschichten des herrn plunz 23

gibt es elfen, feen, geister
zehnte sinne, spukereien
oder ist es scheibenkleister
gut bezahlter abzählreim

nicht das plunz direkt dran glaubte
horoskope, kaffeesatz
aber manchmal, aber manchmal
pfeift die wahrheit auch ein spatz

oder gutgelegte karten
handauslesen geht heut auch
nun bei wichtiger entscheidung
trifft sie plunz nicht aus dem bauch

eifrig fragt er nach den sternen
oder wirft die münzen hin
riecht an frisch getragn socken
denn die solln die zukuft locken

braucht er glück beim liebesspiel
legt er sich in grünen schlamm
und der abdruck wird gedeutet
ob er heut versagen kann

17

an der börse neue aktien
fragt er die toilettenfrau
leckt sie ab die alten deckel
und dann hofft ers ganz genau

ja so wird das leben bunter
aberglauben zukunftsspiel
kannst du dir nicht selber trauen
klopf auf holz, das hilft ans ziel

die geschichten des herrn plunz 24
plunzens albtraum

plunz war einst in jungen jahren
wie er sagt ein kämpfertier
kämpfte gegen die erstarrung
seines gliedes ab halb vier

eilig weckte er die holde
schmuste sie mit küssen zu
sorgte dann für die erlösung
und dann gab er etwas ruh

gegen sechs hingegen wieder
plagt ihn neuerliche gier
wieder griff er nach dem madel
diesmal rief sie laut: du tier

und so ging es all die jahre
und die tage zwischendurch
plötzlich ist er umgefallen
und lag da wie´n grüner lurch

nun im satten mannesalter
schaut er traurig auf sein ding
und versucht sich zu erinnern
wie fings an und wann war pling

freunde, ärzte und kollegen
raten ihm zu dies und das
kräuter, pulver, handauflegen
wässern in nem nassen fass

doch die mühe schien vergebens
heute schluckt er pharmazie
plötzlich kommt ein warmer segen
und er spürt ihn wieder regen

18

kauft sich lederunterhosen
größe hundert handgestrickt
läßt sich seine haare wachsen
tölpelt sich als weiberglück

schon am morgen schluckt er sechse
pillendrehers elexier
will die jahre heute aufholn
fühlt sich wieder wie ein stier

und er greift sich eine schöne
grunzt, poussiert und kriegt sie rum
plunz nun in der macherpose,
schaut nach unten, was denn nun

arg verbeult sieht er ihn hängen
reichts noch für den letzten schrei
dann fällt er ab und liegt nun lose
in der neuen lederhose....

die geschichten des herrn plunz 25

insekten, sagt der plunz im urlaub
sind geschenke der natur
nimm sie hin und friß sie stille
denk an gottes gnadentour

ist´s nicht lustig, beispiel schaben
die uns früh vom teller springen
oder dort die silberfische
die sich mit der butter ringen

und dann erst das beste tier
kreuzigungsspinne nachts halb vier
dicke, lange, beharrte beine
sitzen vor dir, du alleine

wünscht dich in ein nonnenkloster
mitten rein ins grönlandeis
dort gibts spinn´n als festbeschmausung
nennt man aber achtbeinreis

oder madenfleischragout
gibt's im großfamilienpack
proteine, proteine,
bringen halt den plunz auf trab

19

die geschichten des herrn plunz 26
die steuern

der herr plunz ist ein korrekter,
sammelt jede rechnung ein
streichelt sie bis monatsende,
klebt sie dann ins album rein

und die alben werden gesammelt,
hoch türmt sich die leidenschaft
bis ins frühjahr jeden jahres,
gibt er hin die ganze kraft

endlich kommt das große datum,
plunz bläst eifrig zum final`n
steuererklärung diesen jahres,
lustvoll rollt er auf die zahln

wann er krank und absgeschunden
und die kasse hat gestreikt
siebenundzwanzig fünfundvierzig,
werden als kosten angezeigt
oder hundertzwanzig rollen,
nur das beste kommt auf klo
dieses ist gleich neb´n der küche,
sofa gilt nicht, sowieso

was geht in die werbpauschale,
neue socken, frauchens locken
unterhose und kondom,
hatten wir´s viagra schon

und so sitzt der plunz und rechnet,
krümel kackend wies gewünscht
anstatt einer klaren steuer,
züchtet man sich ungeheuer

nichts mehr da mit münd´ger bürger,
hinter jedem sitzt ein würger
egal wo und was es ist,
muss der plunz betrügen, lügen

einfache steuern würden genügen,
komm wir machen revolution
doch nicht nochmal november,
das ergebnis kenn wir schon

20

die geschichten des herrn plunz 27
logisch ohne seife

plunz geht auf streife
ohne seife, ohne seife

was soll man denn sagen
wenn er denn dann
jenen dreckskerl erwischt

soll er denn dann diesen dreckskerl
mit seife bei seiner streife
rubben und schrubben

würdet ihr sagen der plunz spinnt

weil der auf streife
mit seiner seife
wenn er den dreckskerl erwischt
auch erfrischt

die geschichten des herrn plunz 28

Was war der Plunz mal jung und doof
mitten in der Pubertät, noch nicht zu spät
fand er endlich seine hände
jede klebte an nem arm

konnt er damit dinge werfen
grapschen und auch streifen
lernt er nun bei ihr zur nacht
wissend zu begreifen

die geschichten des herrn plunz 29

es begab sich eines tages
und das in der frühsten früh
das krawall und das gerangel
vor dem hause war wie nie

plunz erwacht aus schönsten träumen
guckt er sehr verdaddert drein
was man vor dem hause auflädt
pflasterstein für pflasterstein

pflastersteine muß man wissen
wenn geschichte sie berührt
werden bei manchen hochgehandelt
vielleicht kaisers fuß gespürt

zahlen tun die dann unsummen
das des kämmrers stimme krächzt
nur noch tausend straßen plastern
drüberlaufen und verkaufen

lass mich rechnen bürgermeister
arbeit haste, kohle machste
autos stoppste, denn wo sollse fahrn
ist das kein genialer plan

plunz hört dieses mit entsetzen
wer ließ diesen kämmrer ran
das der mit solch krummen sätzen
stadtsenator werden kann

plunz will rufen, brüllen, schreien
doch die stimme, w wie wech
abgegeben in der urne,
fortgetragen, so ein pech

22

die geschichten des herrn plunz 30

dem hengst,

ein alter, stolzer hengst der wusste
da er oft im gatter lief
das weite land passt nicht in Zäune
doch sind die futterzeiten
nach tarif

zwar wohnt er hinter gatterstäben
doch pocht die freiheit noch im blut
und eines tages pennt der wärter
der hengst er springt, ihm tut es gut

die alte mähne flattert wieder
und sonne kämmt die müde haut
er saugt die freiheit durch die nüstern
und seine hufe ohne laut

so fliegt er wieder wie vor jahren
noch einmal träumt er diesen traum
hengst und natur, was für ein anblick
wer so was trennt gehört gehaun

23

die geschichten des herrn plunz 31

wie es manchmal geht,
feste wege , feste häuser
feste regeln, feste wörter
feste türen, festes herz

zerschlag den spiegel
sagt plunz

die geschichten des herrn plunz 32

plunz bemerkt zur monatsmitte
sind die hosentaschen leer
und so sieht man ihn laut grübeln
wo kriegt er was frisches her

in der politik jedoch ist´s anders
schaut man dort in taschen nach
wundert er sich was die finden
ohne großes weh und ach

zwar beginnt dann ein geschrei
nach der guten polizei
doch die kriegt die grüne wut
denkt sie an die aktenflut

staatsanwälte kriegen ohren
wenn sie hörn es wird geschworen
oder einer was verspricht
verziehn sie sich, als bürgerpflicht

sagt sich plunz, das ist die lösung
ich geh in die politik
zeige meine leeren taschen
werd mal sehn wer mich dann liebt

die geschichten des herrn plunz 33

krähn männer wie ein auerhahn
dann guckt sie keine henne an
doch flöten sie wie ein pirol
tut das ihrem schwänzchen wohl

24

die geschichten des herrn plunz 34

deutschland hört man, tut entschlossen
macht jetzt wieder politik
hauptsach es wird rumgeschossen
meint der plunz, der sowas liebt

deutsche ohne rückrat reden
ohne deutschen stahl und schuß
würd die welt uns schnell verlachen
das dicke d als friedensnuß

und so sieht man plunz im anzug
kampfbereit bis untern hut
will er nach putschtanien reisen
und er macht sich selber mut

sehr geehrte bösewichter
ich komm jetzt hin, mach aus die lichter
ich kann das, bin der deutsche plunz
hab bis auf zwei ka´s noch nichts verhunzt

und hilfts nichts les ich märchen vor
oder gründe männerchor
trifft dann doch den ton
die rübe ab, so steht die norm

so erwärmt er den gedanken
kneipentischig laut und roh
doch die Nachbarn haben kinder
nennen plunz nun
kriegsanhimmler

die geschichten des herrn plunz 35

manchmal reicht ein kurzes wort
für den fast perfekten mord

die geschichten des herrn plunz 36

reckst du dich nackt in frühlingssonne
dann denk an deine wintertonne

25

die geschichten des herrn plunz 37

wieder keucht ein frühlingsvirus
durch die flure der natur
hörts der plunz, der trennkost achtet
möchte nun auch diesen pur

steltzt er los mit neuen botten
kleidung sportlich bis ginant
tobt er durch die unterhölzer
wird vom virus nicht erkannt

aber rechts und links der wege
fallen sie in scharen um
und sie schein´ sich zu beatmen
oder tun die nur so dumm

hilft nicht bei solch neuem virus
spritze, pille, warmes bad
oder haben osterhasen
zweisamkeiten angemahnt

die geschichten des herrn plunz 38

manchmal hört man so geschichten
das auch liebe sich verheddert
und dann plötzlich wieder zwei
in die alten kissen schmettert

die geschichten des herrn plunz 39

geht ein knurren durch den magen
folgt meist großes unbhagen
denn der körper sagt nun laut
das er die reserven klaut

plunzens freund hat viel derselben
seht doch seinen großen schlund
und sein mund, der ewig lose
lästert übern dünnen plunz

warum dünnst du in der wüste
wo dich stets die sonne find
ich der dicke lauf auf händen
wo ich mir dann schatten spend

oder in der kalten mondnacht
willst du wärmen dir ein weib
wie denn, wenn du selber zitterst
ist kein schöner zeitvertreib

tut er also was bestellen
cordon bleu tun keinem weh
davon allerdings fünfmal
läßt doch keine hüfte schmal

jetzt komm noch zehn starke bier
und das beste fast zum schluß
das, wer gerne essen will
nun nicht hungrig sterben muß

die geschichten des herrn plunz 40

wetterbericht ist allemal
wie lesen aus dem kaffeesatz
oder will mir einer sagen
sonnenschein macht pitschenaß

27

die geschichten des herrn plunz 41

hat ein mensch heut kleine sorgen
geht er in den fernseher rein
und erzählt was keinen angeht
ganz privat den größten schleim

über pickel, parkplatzsünden,
schleudertrauma, masturbiern,
dicke hintern, nachbars kinder
und wer darf den bauch verliern

sex in allen varianten
von den dummen und den tanten
meistens iss er ab der lack
tuts der herr hier wirklich nackt

und so lässt man sie gewähren
menschlich danach sondermüll
futsch das heimliche bestreben
faust verpiß dich, dankeschön

die geschichten des herrn plunz 42
der geburtstag

weltweit ist es alter brauch
jubiläum, partyrausch
alkohol in rohen mengen
so wird plunz die nacht bezwingen

worte werd´n sich langsam ähnlich
wie die schuhe, plötzlich rund
und die welt hat sich verändert
alles ist so leicht und bunt

nun kann plunz sich alles wünschen
und er wünscht sich dies und bier
plötzlich sagt ihm eine stimme
kommse aus der bowle hier

diese worte brauchen weile
bis sie plunz korrekt begreift
alles hallt und wie in watte
partyzeit bleibt partyzeit

plunz will nun noch eine spende
von dem roten, roten wein
fläschchen cognac oder weißen
darf es aber auch noch sein

denne komm die bösen stunden
wo man in zwei welten steckt
einerseits so schön besoffen
andrerseits fühlt man sich schlecht

auf der zunge bienenwaben
und im kopf nen papagei
jedes haar wiegt fast ein kilo
aus dem magen ruft ein brei

stolpernd, fluchend geht's nach hause
zwischendurch wird hingeknallt
gibt's vom mond denn wirklich dreie
quatsch die zählerei hat zeit

und so geht die nacht zu ende
voll zerbeult geht's in die tür
plunz hat wahrlich keine peilung
gute party, weiß nix mehr

29

die geschichten des herrn plunz 43

kapitalismus heut hat einen haken
wenn man unten steht ist man der braten
stehste aber ganz weit oben
wirste bald zum koch erhoben
war denn arbeit echt dein ziel

die geschichten des herrn plunz 44

ist die welt am morgen blass
als stieg sie aus nem butterfass
und trägt sie dann noch einen schleier
dann sieht man meistens ungeheuer

grad wenn ich vor dem spiegel trohne
und so guck ob ich noch lohne
nehm ich trotzdem kein make up
da ist mir früh der arm zu schlapp

auch geh ich nackich aus dem haus
nur plaster ziern die schmisse
und schaut man mir ins angesicht
achtet keiner auf die füsse

hurra, hurra die männlichkeit
die braucht sich nicht zu quälen
so dacht ichs mal und bin nun breit
ganz anderes zu hören

da wird gepinselt und gespachtelt
geliftet oder gezogen
mann saugt sich seinen bauch heut weg
chirurg, der rest wär glatt gelogen

so stehn sie schon am frühsten morgen
und buhlen um die weiber
mit schminke statt mit achselschweiß
und beschneiden sich die leiber

ob einer, der das ernsthaft tut
wohl wirklich kennung hat
will der mal mal kinder sind die gene
wie vorm chirurgen schlapp

die geschichten des herrn plunz 45

ob bus, ob bahn bis kurz nach zehn
wirst du so gesichter sehn
meistens menschen unten dran
was man selten merken kann

scheint als haben die was vergessen
guck mal, nase, lippe, ohr
irgendwas ist da ganz anders
oder kommts mir nur so vor

steigt nun ein, ein kleines mädchen
und sie fragt mit lautem wort
sagt mal, all ihr großen leute
gabt ihr euer lächeln fort

was habt ihr dafür erhalten
hände habt ihr doch schon zwei
auch die füße bis zum boden
was macht euch so einerlei

ob bus, ob bahn bis kurz nach zehn

die geschichten des herrn plunz 46

eigentlich ist´s ja noch wie früher
oder viel, viel schlimmer
damals jagten wir den mammut
sahen noch das eine ziel
heute haben wir keinen schimmer
hauptsach man bewegt sich viel

hetzt herum und hin und wieder
betest du den wahnsinn an
den du nicht beherrschen möchtest
bist ja nur ein kleiner mann
und so geben illusionen
dir den lebenshorizont

komm erschieß dich übermorgen
wenn es denn nicht weiter lohnt
oder schieß dir einen mammut

schieß ihn tot, das eigne tier
lass nicht zu das einer meckert
träum es, mach es, heut und hier

31

die geschichten des herrn plunz 47

wenn sich still die augen treffen
einer saugt den andern an
und man kommt nicht ineinander
tötet oft die sucht daran

die geschichten des herrn plunz 48

am nachmittag eines jeden jahres
stehe ich stumm und gedenke
aller fehler die ich noch nicht begangen habe
und hoffe das mir der mut dazu bleibt

die geschichten des herrn plunz 49

was bist du als künstler, freund
du schleichst mit augen durch die straßen
durch die nie ein andrer sieht

du legst ihnen deine seele zu füßen
doch sie nehmen dich
und
verlachen dich

dann wischen sie dir vielleicht die tränen
mit ihrem geld aus den augen

sie werden dich nicht verstehen
aber sie reißen dir das fleisch von den rippen
verspeisen es genüßlich
werfen deine knochen auf die straße

und schreist du deine verzweiflung hinaus
applaudieren sie als hätte ein ein hund brav apportiert

sie schauen dich an und gehen um dich herum
stehlen dir die luft, deine kostbare luft

sie verneigen sich erst wenn du tot bist

dann endlich sind sie wichtig
dann können ihre kleinen lächerlichen geschichten erzählen
endlich sind auch sie drei minuten wichtig

doch durch deine augen konnten sie nie sehen

die geschichten des herrn plunz 50

kurz vor der nacht erwach ich neu
und schärfe meinen blick
und hoffe das die nacht nicht lügt
finde ich dich heut im stück

die geschichten des herrn plunz 51

was immer wahr
was immer ist
was immer wird
bist du nur der den andre sehen

bist du nur der
der immer wahr
der immer ist
der immer wird
du bist der den andere hören

die geschichten des herrn plunz 52

holy moly sagt der plunz
das schicksal findet jede lücke
die welt ist scheiben
betrachtungsweise
schneidet sich jeder seine ab

ist irgendwann alle
die ganze gute entschuldigung
da nutzen keine katastrophen
kein fünftausentes mitleid
und steuern
die läßt man zahlen

der blick wie eine kanonenkugel
aufs ziel, da mobil
diese eine idee vom dabeisein
im aspik der geschichte
packt den hosenboden aufs ganze

was redet der da vom gespaltenen schwanz
ist es nicht die zunge
die alles in mitleidenschaft zog
und einar, du geburt zwischen den wünschen
zeig mir die abgelehnten wege

33

die geschichten des herrn plunz 53
nach plunz denken

es warfen die sieger
den verlierern ihr gesicht in den ring
auf das sie es sehen

es warfen die sieger
den verlierern ihren hochmut in den ring
auf das sie ihn spüren

es warfen die sieger
den verlierern ihr leben vor die füße
endlich spürten sie den atem

doch dann starben die sieger
und es blieben die funktionierenden
aus allen epochen

kinder haben angst vor der nacht
kinder haben angst vor dem tag
kinder haben angst vor schlechten geschichten
nichts hat sich bei mir geändert
ich habe angst vor
schlächter´s geschichte

die geschichten des herrn plunz 54
erkenne dich meint plunz

einmal dachte es sich
dann dachte sich das
das gab mir dann für mich
witzige große buchstaben
für den versuch auf ein ich

die geschichten des herrn plunz 55

es war einmal ein ich
der mochte nicht das "dich"
der mochte weder ihr noch sie
es fehlte ihm die phantasie
an wir bei uns zu denken

nun gut er kam aus beschränkten
synapsenschnapsenden orten
wir verzeihen
von hier....bis dorten

34

die geschichten des herrn plunz 56

warm und weich sind meine worte
wie einstmals auch der pulverschnee
das weiße zeug und unsere liebe
wir lagen drin und nichts tat weh

wir sammelten septembersterne
kometenschweif und sternenstaub,
wir hatten angst die wolken rosten
und malten wünsche auf die haut

die haut schlägt heute wilde falten
die wünsche scheinbar arg verknautscht
die wolken ziehn noch heut vorrüber
und was war noch so umgetauscht

35

KAPAULKE

berliner dichter und sänger
jahrgang 1962

künstlerischer lebenslauf 2012 / kapaulke / jahrgang 1962

1979 erste musikalische erfolge mit eigenen texten und pro-grammen.
1982 aufnahme und abschluss der "förderklasse der schreibenden
arbeiter" in potsdam mit dem ziel der hochschulreife für das
literaturinstitut leipzig. er wurde dann
1984 am literatur institut angenommen, durfte aber sein studium wegen
seines "fehlenden, historischen optimismusses" nicht antreten.
neben seinem eigenen "bitterfelder weg" entstanden seine jährlich
aktualisierten programme "aus dem tagebuch eines belehrbaren" februar
1988 feierte er seine 9.premiere in der "nische" (club in berlin
friedrichshain).

ab 1986 als freier autor für die kindersendung hoppla.
ab 1987 zusammenarbeit mit dem komponisten und produzenten
matthias schramm (silly). bis zum 02.08.2007 entstanden lieder für bernd
bangel, knabe und karawane, jaqueline jacob, harald wilk, uva. 1996
kamen auch die komponisten lutz möhwald, dieter janik, ulf lebus,
andreas kaiser, klaus (meusel) meusemann und nicht zu vergessen
ernst- erny - reuter dazu.

auf drängen seiner freunde und dem machtwort des berliner urgesteins
nero brandenburg (2004 - sing dein zeuch jefälligst alleene!) tat er dann
auch. es folgten liederprogramme und satiren (die geschichte der federn)

2008 erfand er die figur des "kapaulke"

37

HARALD WOLFF

musikalisch - literarische programme:
geschichte der federn 1 - 8 /
2003 // musik - lit. lesung -
liebeslieder für müde glieder (2005)
- geschichte der federn 9 - 15 (2005)
icke bins (2006)
- geschichte der federn 16 - 27 (2008) -
kapaulke´s salon = kapaulke & gäste (2009 - ???)

sound & poems 2010

kapaulke & christian magnussen luden sich international bekannte
jazzmusiker zum gemeinsamen musizieren ein # kapaulke liest und
interpetiert satirische kurz-geschichten, ebend seine zukünftigen werke
der weltlteratur # die musiker spielen live dazu. es entsteht eine
kraftvolle, virtuose atmosphäre für die es kein drehbuch, keine normen
gibt.
- 2012 - grande mumpitz - das theater für zwischen die weltuntergänge -
texte:
kapaulke kap pouget // musik. - literarische lesungen - (2012) kap pouget
ist ein musikalisch / literarisches projekt mit dem international agierendem
jazzgitarristen und komponisten pierre pouget.
es folgen konzerte, festivals, kleine bühne, gala, privat - und
firmenkonzerte.

zusammenarbeit mit dem berliner zeichner harald wolff
gemeinsames buch

stand: berlin juni 2012

Einzelausstellungen (auswahl seit 2006)

harald wolff

2012   galerie kunstraum vincke-liepmann, heidelberg
            galerie janzen, düsseldorf
2011 galerie janzen und avu versorgungsunternehmen, gevelsberg
2010   apacc galerie, montreuil
galerie toutes latitudes, vincennes
galerie melnikow, heidelberg
galerie janzen, düsseldorf
galerie cridart, metz
galerie edition caractères, paris
2009   galerie janzen, art karlsruhe,
galerie janzen, wuppertal
galerie zeugma, köln
galerie molitoris, hamburg
galerie bode, karlsruhe
galerie belled, langbroeck, holland
2008   galerie monika beck, bad homburg
galerie cridart, metz
bastion de france, porto vecchio, korsika
galerie aria, porto vecchio, korsika
galerie belled, langbroeck, holland
2007   galerie liel, saarbrücken
galerie janzen, art karlsruhe
"die zwölf stämme" st. wilhadi, stade
galerie belled, langbroeck, holland
2006   galerie allaire-aigret, paris
galerie finearts con.tra., berlin
galerie janzen, wuppertal
galerie art-dego, berlin
galerie belled, langbroeck, holland

next projekt

CITY CAT WATCHING YOU

###################################

herzlichen dank an
harald wolff für seine unglaublichen Zeichnungen
mehr unter: http://www.haraldwolff.net/

dank für ihre aufmerksamkeit

.

bemerkung des herrn plunz

die durchgängige kleinschreibung
wurde als stilistisches mittel gewählt
denn
laut gesprochen kann jeder
der großbuchstaben mag
sie dahin hören
wo er sie erhofft

###################################

berlin 2002 - 2012
kapaulke
kapaulke@googlemail.com
kontakt: 0152 / 297 22 557

ISBN: 9783 8482 1231 6
Herstellung und Verlag:
BoD – Books on Demand